TODAS
LAS NOCHES
QUE
FUIMOS
HUMO

TODAS LAS NOCHES QUE FUIMOS HUMO

Alejandro Pelayo

ESPASA ES POESÍA

ESPASAesPOESÍA

Espasa, sello editorial
de Editorial Planeta, S. A.

Primera edición: febrero de 2024

Diseño de cubierta: Planeta Arte & Diseño
Preimpresión: MT Color & Diseño, S. L.

Depósito legal: B. 500-2024
ISBN: 978-84-670-7223-5

Espasa, en su deseo de mejorar sus publicaciones, agradecerá cualquier sugerencia que los lectores hagan al departamento editorial por correo electrónico: sugerencias@espasa.es

www.espasa.com
www.planetadelibros.com

Impreso en España/*Printed in Spain*
Impresión: Liberduplex

Editorial Planeta, S. A.
Avda. Diagonal, 662-664
08034 Barcelona

A mi hermana

Tu piel me atrae con la gravedad de todo el cosmos
que afuera sufre su negra eternidad impenetrable.
GIOCONDA BELLI

No podría explicarlo, pero aquí, en este momento, hay alguien
que no veo y que respira en mi propio pecho.
TERESA WILMS MONTT

Tocaban la noche con todo su cuerpo.
BORIS VIAN

20:36

nervios

la electricidad por los bordillos y las venas
las miradas furtivas en los semáforos
preparativos que aceleran el atardecer de los besos
guardados para más tarde
sin pasado ni futuro nos citamos aquí ahora y que
esta noche decida nuestro destino

algunos lanzan monedas y suspiros al aire
nosotros, lujuria y deseo
carne, sudor y paciencia

otras ciudades esperan su turno
otros amantes se rompen la ropa y los huesos
aquí amenaza lluvia pero el calor asfixia las baldosas
blancas
los balcones se preparan para el destierro

nervios

los días son muy largos
anochece tarde
todavía la ciudad no ha terminado sus tareas
se colocan el pelo las esculturas de mármol
sobra el alimento cuando aprieta la sed

tal vez debería hablar con alguien que no le preste
atención a la música
alguien que coleccione carretes velados
ya nadie está guardando el corazón
ya no importa que todo termine

nervios

20:45

las manos desatadas sobre tu vientre encendido
bocas
dedos
lengua
arpón

dócil y mansa

la dulce rendición en el campo magnético
el gesto y la caricia aprietan los lazos
el alimento es sudor, veneno
cuerpos en círculos desafían a la noche

la ciudad con desgana observa y concede
sábanas de primavera
jugosas fresas
los amantes no descansan
la hiedra corre por mis brazos y el deshielo por tus piernas

dos animales hambrientos se devoran
morirán más tarde saciados
sus vidas habrán merecido la pena

20:49

les diremos que no cuenten con nosotros
que sigan su camino
les diremos que nos quedamos para proteger la lluvia

ahora que han pasado los años y los recuerdos se
diluyen
ya no sabemos muy bien qué fue real
ahora que olvidamos les diremos que aquello fue un
sueño
que alguien tenía que hacerlo

no tuvimos demasiado tiempo para preparar la huida
todo sucedió muy rápido
y sin embargo el paraíso seguía estando aquí al lado

las heridas se curaban en un mar lejano
el salitre en la lengua era la moneda
pero no aguantamos
nos derrumbaron
y cogidos del brazo aceptamos la derrota y nos
retiramos

daremos muy pocas explicaciones
les diremos que simplemente queremos vivir solos
porque toda excusa es buena
y la verdad, un incordio

20:56

cuando todos duermen es mi momento
busco por los rincones olores en la memoria
sonidos de noches fugaces
gestos ambiguos

vuelvo a andar seguro
confiado de tu mano
vuelvo a sonreír
a tener sueño
la bicicleta
los castaños
las tardes largas
el agua fría del río y la casa en cuesta

cuando todos duermen me siento al piano y te recuerdo

21:00

es urgente el abrazo
el beso
la caricia
la ternura
lo demás que espere

es urgente prestarle una atención extraordinaria a lo
que no es práctico
por encima de la productividad
o el crecimiento
es urgente estar sano
muy urgente intentar ser feliz
lo demás que espere
no tenemos tiempo para derrochar delante de ninguna
pantalla
es urgente cada amanecer y cada atardecer
urgente contemplar
saborear
pensar

es muy urgente tu piel
la poesía y el vino
lo demás puede esperar

lo demás que espere

21:03

afuera sopla el viento
viento sur
tal vez esté lloviendo
es una cálida noche de verano
ya no tengo sed
he perdido el control de mis manos

he recorrido cientos de labios para llegar a este cuello
he besado cientos de vientres para descansar en tu espalda
sopla el viento y siento las heridas
el corazón late en la yema de los dedos
se ilumina bajo la lluvia el rostro del primer amor

afuera sopla el viento
el viento cálido de una noche estrellada de verano
y aquí dentro arde la piel joven que nos protege del tiempo que vendrá
que llegará entre las rutinas de las tardes de cualquier domingo

21:05

podría esta noche a mis cincuenta años arrancarme
las entrañas con las manos
renunciar a lo que me quede de vida
porque cargo con el dolor de todos los hombres que
antes que yo
nacieron y perdieron
podría esta noche respirar con la fuerza de un tornado
y gritar desde lo alto de mi derrota
que se terminó por fin la indolencia de las especies
que a partir de ahora seremos únicamente almas sin
cuerpo
espíritus sin huella
podría esta noche abandonarme
renunciar a todos los placeres
a todos los dolores
dejar de respirar hasta desaparecer

y nada cambiaría en el universo

21:09

una imagen se mueve
las manos se desenfocan
devuelven el tiempo de quienes desfallecieron
    bebiendo tu néctar
ángeles devorados
¿por qué no nos hemos besado antes?
¿por qué no está sonando duke ellington?

tal vez nos haga falta una nueva lista de prioridades
un orden que apacigüe la ansiedad de nuestra gula

hay en tu piel un país que espera
la dulzura de los ojos que observan la claridad del
    mármol
hay en tus labios vidas pasadas
la emoción de quienes encontraron un volcán
    ardiendo

otras ciudades han perdido su luz
otras noches no tienen memoria

estamos aquí celebrando un sacrificio
un acto de ternura y avidez
estamos aquí para devorarnos

estamos aquí a salvo bajo el cobijo de sábanas
el calor de las manos en los muslos
y la boca que da con la lava que sale de la tierra

estamos aquí para amarnos
para morir si hace falta

ángeles devorados

21:10

la habitación es elegante, amplia
hay dos estancias separadas
sofás y una enorme cama
el suelo y los muebles de madera
tiene dos ventanas con un balcón estrecho que
domina la gran vía

no había prestado atención a nada que no fuera la
electricidad contenida
hay un grado salvaje de calma bajo las sábanas de
hilo
y paciencia dentro de la luz que nos oculta

los detalles agrandan el deseo de pertenecer
los pasillos del hotel persiguen sombras al ritmo de
tacones que se acercan
después los zapatos mueren a la puerta del baño
la ropa por el suelo

abajo la gente come y bebe
ajena a nuestro desafío

en la calle crece el tráfico de soledades y sonrisas
huecas
hace apenas unas horas era un viernes cualquiera
pero tus labios se acercaron demasiado
las palabras se volvieron flechas
y nos quedamos sin salida con el pulso acelerado

hay una cesta con fruta y botellas de agua que no
beberemos
huele a vainilla y a ceniza
las caricias pendientes
tenemos esta noche para consumirnos
todos los besos
los mordiscos antes del amanecer
los recorridos por la piel
todos los escalofríos
las manos y las lenguas que podamos
todo por estrenar

21:42

hay una pirámide de fuego en tu espalda
un vientre encendido
nunca antes había estado aquí
así son las cosas
los amantes se estudian
memorizan los gestos
algunas horas de esta tarde sobran
se hacen eternas las noches
se vuelven pesadas
parece que no voy a alcanzar nunca tus labios

la ropa
la cena
los trámites
una llamada de teléfono
y por fin el cuerpo
tu piel
tu boca
sudor y humo

esta es la noche elegida para nosotros
la que no olvidaremos
la luna deja sus quehaceres y observa
se han detenido las mareas
es el momento
y caen hacia atrás brazos y cabezas

así nace nuestro imperio fugaz

21:49

todas las noches que fuimos humo
todas las horas que conforman esa eternidad
todos los lugares de todas las galaxias aquí y ahora
bajo estas sábanas nuestras vidas pasadas, nuestras
vidas futuras
han quedado marcadas para siempre
igual que dos ejércitos que se emplazan para la batalla
y se retiran a descansar antes de su cita con la gloria
con la muerte

como todas las demás noches diminutas
esta no dejará heridas
saldremos victoriosos
aunque cueste un tiempo recuperarse
los ojos nunca dudaron
las bocas
la piel
el sudor
las manos
nunca duraron
la espera mereció la pena

22:09

nos adentramos en territorio hostil
en la tierra baldía nos encontramos
solos y rendidos
una despedida de flores nuevas

el coche espera un beso lento
un deseo largo desbordado
queda aplazado hasta la noche
los preparativos aceleran el pulso de quienes no se
    rindieron
el nuevo hábito de hacer la maleta mientras
    imagino tu cuello
en aquella tarde eléctrica cuando nos dimos cuenta
de la definitiva colisión inevitable de nuestros cuerpos
    envueltos en humo
y la delicadeza y el papel de seda para que no inventen
    palabras inertes

22:18

dicen quienes no conocen que las olas cruzadas suelen
parecer pintadas
dicen que te da vértigo el frío
dicen tonterías
hablan sin saber

la lluvia no tiene intención de rendirse esta noche
levantada hacia el final de nuestros miedos

dicen que el invierno no vino
y que volvió a sonar la mañana como tu boca
y hundieron los dedos en las entrañas de animales
sin ojos
mientras se derretía el hielo que con tanto mimo
apretabas entre los dientes

aun así todavía hay una posibilidad para el fracaso
no todo está decidido pero la espera no se detiene

el placer y la carne se atacan sin tregua
todos ganamos con eso

y dicen y siguen diciendo los que no tienen nada que
decir
y los oigo hablar a lo lejos mientras nos amamos
y sus palabras vacías no dicen nada
cada vez se les oye menos

22:39

todo el tiempo escribo la misma canción
pero no la termino
todo el tiempo busco tu atención
miro la calle desde la ventana y veo los gatos al sol
salto al vacío sin entender la pregunta
me voy muy lejos hasta que siento frío en los huesos
y vuelvo corriendo y busco tu abrazo
en tu regazo encuentro dos acordes que no sabían
estar juntos
la canción se deshace y las palabras disfrazadas de
marionetas viejas
huyen avergonzadas del portal de la calle santa clara

ha dejado de llover: la canción duerme
mientras en tu espalda los dos acordes se ponen de
acuerdo

todo el tiempo huyo
todo el tiempo te escribo la misma canción
y este es todo el tiempo que tengo
todo el tiempo

22:42

caen las primeras gotas de lluvia
es solo una nube
una pequeña tormenta de verano que enfría el aire y
refresca el ambiente
nos obliga a buscar más amparo bajo las sábanas

es emocionante
solo una nube
un instante

contigo las gotas de lluvia
contigo el viento

22:46

y no quedó aire ni tiempo ni lluvia ni miel
y no quedó noche sin luna ni mar ni papel
no quedó nada por decir entre tú y yo
nada por hacer

esto que me has dado a probar es lo que yo quiero
    para vivir
    para morir
es lo que yo quiero

y no quedó ni una mirada
solo una caricia perdida en la brisa
ninguna nuca permaneció sin besos
ningún verano sin tormenta
ningún vientre encendido perdió su fuego

esto que me has dado a probar es lo que yo quiero

23:15

ella y yo somos lo mismo
ella y yo
yo soy cuando me toca
soy si me mira

ella y yo somos uno
ella y yo
la luna se esconde, nada se resiste
nos devoran las bocas de mil dragones de espuma
no tiene memoria la fruta que cae por la ventana

ella y yo la noche que fuimos humo
las cenizas vencidas de la mañana

ella y yo somos uno
nos arde el cuerpo de amarnos
dormimos
descansamos

23:30

a ratos la observo porque no la conozco
el movimiento es suave, nuevo
el pelo y las manos se contradicen
pelean por la atención de mis ojos
la boca disimula como un heredero
las caricias se enredan, vuelan
los abrazos circulares
los besos muertos
a ratos la observo: aprendo

todo cambia a cada instante como la luz
de un jardín secreto

00:03

solo quedamos tú y yo
solo seremos uno
entonces jugamos tú y yo
sin perder ninguno

nunca más el miedo
nunca más la soledad

engañar a la luna
hacerla insaciable
esconder en tu boca adicta
la mañana violenta

ojalá te pudiera salvar
ojalá me inventaras poderoso y confiado
ojalá romper el mundo para volver al primer jardín
    sin culpa
y salir volando
seguir ensanchando el caudal que me arrastra
cuerpo diminuto

nunca más el frío
nunca más las heridas sucias
ni el sinsabor del pan rancio

si pudiera beber cualquier primavera
si quisieras morir o dejar de sufrir
enmascarados
confusos
dispuestos al ayuno
para destruir sin remedio el ruido

ojalá pudiéramos acabar definitivamente con este
mundo de plástico
cuerpo diminuto

solo quedamos tú y yo
solo seremos humo

humo

00:49

tuvimos por un instante la duda
por un instante el universo prisionero
se expusieron las leyes de la física
nuestros cuerpos y el vacío
las bocas abiertas

hueles a espuma de afeitar
sabes a sal y a incienso

cualquier tormenta parece ahora discreta
la timidez de las formas que se borran
los ángulos que no comprendemos

la arena nos ha devuelto la belleza de las líneas rectas
mientras duermes se desmoronan las ciudades
por las avenidas se ahogan los suspiros de quienes
nunca cierran los ojos
hay una sensación colectiva de desbandada
recogen los desayunos
tienen prisa
se abrigan

para nosotros dos la realidad ha dejado de funcionar
para nosotros el beso

tuvimos por un instante en la cara
la calma y el duelo
por un instante el universo imantado
la miel en la boca y el pelo

nuestro único cuerpo
desordenado campo magnético

00:56

después de dieciséis horas ya no queda duda
el cansancio asoma a la gran vía al mediodía
una ligera lluvia acompaña el trafico lento
nuestras manos no se despegan
ya sabemos que no lo olvidaremos

lo que suceda después no tiene importancia
desconocemos la magnitud de la despedida
no comprendemos todavía las toneladas de vértigo
el olor del otro
el sabor del otro
en ese instante ya sabemos que jamás lo olvidaremos

es imposible que vuelva a caer la noche sin ti
ya todo es diferente
las medusas han tomado las decisiones correctas

tus ojos me guían
tus manos me encierran
hace veinte años me acordé de ti

mensaje recibido
ahora ya lo sabemos
jamás olvidaremos estas circunstancias

sobre tu piel escribiré mi testamento

01:20

mientras
los hechos no descansan
tristeza y alegría siguen su curso
el esplendor
la decadencia
el dolor de huesos
las enredaderas y la melancolía
los perros ladrando
las guerras
las mareas
las noches alcanzadas por los días

no se detienen los aplausos
ni las crecidas de los ríos
ni las luces de los faros
ni la fragilidad ni la minería
ni los higos ni la humedad ni los besos

no se detienen las manos que acarician
y los labios rojos siguen su curso
la ceniza de la chimenea

las copas vacías
el hueco de la almohada

no se detienen las estaciones y los anhelos
el salitre y los jadeos
las heridas invisibles
las ausencias
los pies fríos
las mañanas de sábado
las sábanas arrugadas

no se detienen
la alegría y la tristeza siguen su curso
después vendrán otras lluvias

01:59

hemos ganado
ya no queda nadie en la ciudad
dejamos atrás las estatuas
los dibujos en los cristales empañados
el ruido
y la humedad en los huesos

los perros rabiosos ya no dan miedo
a lo lejos se intuye un fuego
el humo congelado en el aire por un instante
sin querer moverse
los millones de oportunidades que perdimos
la vida y la música se abren paso
el agua vuelve a estar fría, limpia

hemos ganado
ya no queda nadie en la ciudad

los niños han crecido y se alejan cantando las canciones
que aprendieron en casa

02:12

ahora lo que quiero es una revancha
que grites mi nombre y me busques con la ansiedad
del adicto
que me abraces con todas tus fuerzas hasta que me
cueste respirar

lo que quiero es una revancha injusta
un combate desigual con reglas alteradas
mermados los sentidos

y después entregar las armas
enfermar y consumir sin descanso
nuestra carne

02:18

cuídame ahora que eres mi dueña
protege nuestro templo

yo moriré por tus labios sin dudarlo
defenderé esta leve burbuja con las vidas que tengo
con las vidas que imaginaba

puede que olvidemos algunos detalles
incluso que neguemos con el tiempo las evidencias
cuando la vida nos atropelle
pero en esta cálida noche de verano
mientras nos devoramos bajo una sola piel
te entrego mi alma

cuídala
todavía es joven y es frágil

02:28

se deja llevar por la corriente
se arrastra como un reptil entre los maizales
es un alma a la deriva
abandonada a su suerte
se deja mecer por el susurro de la brisa
no siente dolor ni miedo

es libre

se deja llevar por la corriente
y cuando quiere volar vuela
se desliza por un río frío y caudaloso
ha olvidado las normas
no respeta las reglas
no siente dolor ni miedo

es libre

hace millones de años que se salió del camino
dejó de escuchar la voz saturada y no mira de reojo
cuando las esquinas preguntan

ya no siente dolor ni miedo

me abrigan todas estas cosas que me cuentas al oído

02:30

voy hacia un lugar blanco
camino y respiro la humedad del cuero
abriga tu cuerpo cobijo de miel

nos enterrarán abrazados en una duna cerca del mar
lejos de la sospecha

voy hacia un lugar cálido que guardabas para mí
hay muchas vidas escondidas en la hierba y en la
escarcha
hablamos de construir una casa grande esculpida en la
roca
cerca del cielo
nuestras manos buscan refugio
tus labios retan al viento
descalzos en la nieve con la boca abierta
lejos de la sospecha

voy hacia un lugar dejado de lado
entre sábanas que nos resguardan

comienza a llover cerca del mar
algunos cuerpos se niegan a aceptar lo inevitable
cada vez más lejos de la sospecha

02:47

creo que llueve
eso ahora no podemos comprobarlo

creo que afuera llueve
creo que está lloviendo

átame las manos
véndame los ojos
abrázame

abre la boca
y saca la lengua
abrázame

dibuja con tus dedos una línea curva desde mi vientre
en llamas hasta el cuello
desde la garganta y por la espalda hasta la luna
nueva de agosto
hasta el verano abrasador

déjame darte de beber
tal vez seremos nómadas olvidados
tal vez seremos humo

déjame comerte
déjame lamerte
seremos uno
nos dejaremos ir
haremos del amor un juego
del deseo un nido
del placer un reino

tal vez
nómadas

creo que afuera llueve
creo que está lloviendo

02:51

se parecen
se necesitan
se aman
se parecen a las tardes largas del verano y a la sed
que tienen los niños cuando terminan de jugar a
la pelota
se parecen a las raíces incansables que encuentran
agua pero siguen buscando más profundo
se parecen al árbol generoso que no ceja de dar fruto
se parecen al instante cuando se encontraron
se parecen
se necesitan
se devoran

se parecen cada vez más
se confunden
sus cuerpos se entrelazan en el aire
ahora ya son uno

se necesitan
se aman

los años que vengan después serán irrelevantes
la comida sosa
el vino débil
la piel arrugada

es ahora
es aquí
se necesitan
se aman
se han devorado
y el humo escapa entre los dedos de los amantes
aunque el sudor lo peine de domingo

03:19

no quiero estar apenado
ni sentir culpa
aquí y ahora
sentado al piano mientras todos duermen
con una copa de vino joven
en esta noche de luna nueva
con la cabeza despejada
a mis cincuenta años
tranquilo y cansado sonrío
y te escribo porque no quiero estar solo

03:20

cada gesto cuenta cuando la luna impone sus normas
cada insignificante detalle afecta a la galaxia
por eso contengo la respiración cuando suspiras
por eso millones de noches seremos humo

quiero que me beses aquí
aquí donde duele
que tus labios curen mi herida
y que cuando la cicatriz esté seca
tus manos aquieten el miedo y la oscuridad del bosque
que se deslizan raudos por la piel

así no quedará nada de nosotros
otoño efímero de huesos y sal

quiero asegurarme de que es real
siento vértigo ante la incertidumbre
puede que sea un sueño este caminar
en círculos
una ilusión tu respiración violenta

quiero despertar para continuar soñando
otoño efímero de sal y huesos
quiero sumergirme en esta hoguera
verano de lunas llenas

seguirán lastimando

las miles de noches que fuimos humo

03:22

dos cuerpos enredados en un espacio invisible
aturdidos
confiados
ese espacio blanco va cambiando de forma
la luz traspasa el límite de los cuerpos que suplican
un respiro
el verbo ardiente sobre la tierra quemada y nuestras
manos de cristal
ahogadas

deja que te libere del peso
deja que te libere del viento
deja que yo me encargue
duerme un rato
ya vuelvo

está todo bien
nos tenemos
nos cuidamos
siempre fue así
nada ni nadie podrá cambiar eso

las manos de cristal por fin descansan ahora que las
plegarias fueron atendidas
el verbo ardiente planea sobre la tierra mojada
los silencios llenan la cama

deja que te libere del peso
del viento
deja que me encargue
y te lo cuento

03:36

despierto a media tarde
puede que haya dormido unos minutos
puede que varias horas
un rayo de sol entra por la ventana
todo parece irreal
suspendido de un hilo ligero
transparente
tu boca está muy cerca de la mía
tus ojos me miran fijamente
pareces muy concentrada
no consigo descifrar lo que pides
de repente entendemos
sin necesidad de hablar comienza la acción
somos animales hambrientos que cazan juntos
somos depredadores y presas
no importa
da igual
es lo mismo
ahora entiendo la violencia
en nuestra mirada asesina
que anuncia la calma

una vez saciados
para que cuando llegue ese momento dulce
solo quede una caricia
y un sueño profundo
que te anega y arde
porque nadie tiene frío cuando sueña

03:47

tus labios retrasan la marea
los frutos rojos inundan la cama
te pido una tregua
estoy agotado
no encuentro la manera de seguir respirando

no queremos que esto termine
no podemos
dejar de besarnos

tus manos entorpecen a la luna
los frutos rojos caen desbordados
se ha hecho de día

no queremos que esto termine
no podemos dejar de amarnos

hemos ganado la ternura del gesto adecuado
la guerra ha terminado por fin
ahora cantaremos canciones de países lejanos
en idiomas que suenan a invento

03:52

cuando llegué estaba muy nervioso
en recepción se dieron cuenta
nos habíamos despedido unas horas antes con un beso
largo
y ahora aguardaba sin saber qué hacer
son esas horas que sobran las que luego se
recuerdan
el intermedio que no sirve para nada

la velocidad a la que vuelan las imágenes por el lecho
en la quietud de una habitación de hotel a solas
el presagio de lo importante como salitre en los dedos
la posibilidad de llegar a un punto dulce, mágico
un lugar sin retorno ni flores secas

el rugido de la noche en la gran vía
una de esas noches a las que parece que no sucederá
el día

03:57

otras veces te habrán recibido
con los ojos vendados
con sillas contra la pared
con la mejor de las sonrisas

yo quería esperarte sentado

el abismo que vamos a compartir es solo nuestro y para siempre
en él crecerán las raíces de nuestra rutina para el amanecer
sin antifaz ni sedas
cuando la piel se desnude de recuerdos
cuando suene esta canción que hemos elegido

otras veces te habrán susurrado al oído
te habrán mordido o te habrán atado

yo quería esperarte sentado

04:04

algo que veníamos fantaseando desde hacía algún
tiempo
lanzar una moneda al aire
una ruleta rusa con nuestros deseos

era cuestión de tiempo
tenía que pasar

le pusimos fecha y hora
un cuarto de hotel por la gran vía

después de cenar nos vemos y a la mañana hablamos
daremos un paso al frente pero habrá algunas normas
habrá mucho que dejar de lado
habrá tiempo
incertidumbre
soledad

habrá daños

04:26

los ojos cerrados para advertir el abismo de escamas
y salitre
que nos dará guarida en invierno
la boca siempre abierta
la lengua siempre atenta
un alambique de luz y mapas en el pecho
ahora sé que existen esos arcoíris de los que hablan
aquellos que ven todos los colores
las manos posadas dulcemente en el teclado sin
atreverse a astillar el silencio
aunque la música en llamas haya abrasado los
cimientos

y por un instante la calma
recuperemos el aliento

ella sonríe
cierra los ojos: ya nadie siente el frío dentro

dejemos que la luna imponga su ley
y la noche su ritmo

dejemos que la piel decida
no tenemos dónde ir
nadie nos espera

somos dos cuerpos enfrentados
hambrientos
de carne cruda
nada más
sedientos de humo

04:30

sobre tu vientre flotan partículas
sobre mi herida un rasguño de guerra antigua

hemos de parar, beber
comer algo
hay que reponer fuerzas
el amor en la batalla y lo que se parecen dos
  cuerpos desnudos

hemos de descansar para poder terminar el uno con el
  otro
que no quede rastro de lujuria cuando se seque el sudor
  de las sábanas

tu risa nada significa todavía
hemos de acordar nuestro idioma

tenemos mucha tarea
el sol está por salir
hay que decidir quién se queda con los días y quién
  vigilará las noches
el tiempo apremia en tu espalda y en mi pecho

hemos de decidir qué hacer con nuestros desordenados
cuerpos
quién se encargará del mar
de la luna
del vino
de los besos que todavía no se han
dado los amantes noveles
del dolor y la lejanía
de las arrugas que no pertenecen
y sobre todo
del reguero de decepción y pena
que dejan algunos corazones
rotos

04:38

nos habían advertido que debíamos cuidarnos del deseo
proteger un territorio donde se sea moderadamente feliz
nos alertaron de lo peligroso que podía ser tomar conciencia de la belleza
del rotundo impacto de un gesto

por eso guardamos en secreto algunas esquinas
por eso nos cuidamos tanto de alzar la voz
por eso envolvemos la carne
en sábanas de lino
y elegimos el lado dócil

preferimos la servidumbre
que el amo imponga su voluntad

hasta que se nos rompió el pecho
al explotar el corazón
la carne se volvió marisma
y el aire caníbal bajo las sábanas de hielo

04:46

contra todo pronóstico
llegó la alborada
el momento para empezar a perdonar
y aborrecer cada minuto que hayamos perdido
alejados

mis plegarias fueron atendidas
sobre tu piel
cerré los ojos y me abandoné al sueño

contra todo pronóstico
sentí el vacío de la caída libre
el vértigo de la ausencia
y me agarro a ti para que no cuenten los minutos
y respiro acompasado a tu corazón
y sonrío porque siento que he vencido

mis plegarias han sido atendidas
finalmente
me quedaré dentro de ti
y tú te quedarás dentro de mí
eternamente

04:49

una sorpresa inapelable
ahogarnos juntos
el uno en el otro
un regalo de los dioses para dos cuerpos
a la deriva
dos corazones que se cuidan y se entregan

a estas horas de la madrugada todo parece irreal
a estas horas ya no distingo mi cuerpo del tuyo

dos bocas que se comen
y susurran al oído
lo que no se atreven a escuchar de otras bocas
flotando en el espacio exterior
sin gravedad ni prisa

las manos de mármol ardiente
acarician urnas cerradas
que explotan en mil anhelos

04:57

hay una competencia feroz por el aire
podría haber sido
una noche cualquiera
pero será de todas las noches
la que recordemos

no se escribe ningún haiku sin piano
así que me entrego al vino

pasará antes y después
todas las noches puede pasar
mientras queden lenguas
mientras perdure el siglo

y seremos humo
ya lo estamos siendo desde un tiempo
    inconmensurable
desde que aquella flor se asomó al abismo
y el color rojo se apoderó de las tinieblas

04:59

para que luego digan que estoy loco

me rendí casi todas las veces
en las primeras cincuenta mil semanas
entregué todas las almas
no perdoné deuda alguna
cuando me asusté de mis pecados
escondí la cabeza entre tus piernas
sobreviví mediante prejuicios y ruido

comimos piedra
bebimos litio
confesé por lo que no había hecho
y me repuse a duras penas

después volví a caer y hubo días en los que me dolían
tanto los ojos
que me los arrancaba un rato para descansar
hasta que pasaba la tormenta
y así se fueron fundiendo las edades
se fueron derritiendo los glaciares

fueron muriendo los actores que me gustaban y dejó
de estar de moda la fusión
en la cocina y en la música y las ciudades se quedaron
vacías y explotaron las estrellas
de las galaxias que nunca llegamos a conocer pero todo
me daba igual
porque una vez soñé que deslizaba mi mano por tu
rostro
ese gesto te hacía sonreír

para que luego digan que estoy loco

05:01

él quería hacer bien las cosas
ella quería tenerlo cerca
los dos tenían heridas
los dos buscaban refugio y fuego

ella susurra una canción antigua
disimula el nerviosismo
él enciende unas velas
ninguno tiene prisa, fingen calma
el pulso se les acelera

los corazones laten
los latidos resuenan
las flores y las sábanas frescas
el aire era frío todavía
las nubes volando sobre sus cabezas
él hundiéndose en ella
ella y la necesidad de proteger por un instante
una partícula suspendida y la urgencia de morir
para que nada de esto muera

algunos no quieren querer ni que los quieran
algunos
muertos

05:19

cuando no tengo piano escribo
intento colocar palabras en orden
componer melodías sin importar el significado
buscando únicamente la musicalidad
no me interesa nada que no sea armónico
melódico
rítmico
las palabras son un salvavidas sordo hasta que llego al piano
atiborro los días, leo, riego los árboles

y me pasa lo mismo cuando pienso en ti
aunque estés a mi lado

salpico algunas notas sueltas
guardo para recordarte melodías secundarias
y los silencios
el vino y los verbos
van cosiendo la herida de los días

algunas tonalidades ayudan más que otras
pero se vuelven irrelevantes
cuando te giras
y me das la espalda

fa menor es mi infancia
y la bemol mayor el lugar donde quiero construir mi
casa

esta tarde quema
esta tarde tiene la culpa de mi tristeza
esta tarde los pianos están mudos y no habrá
atardecer
esta tarde en ninguna parte está ella

05:40

no sabemos
cuándo comenzó el duelo

vamos descubriendo
formas
de supervivencia
maldita tristeza
seguimos adelante
hay que seguir adelante
eso dicen

quiero para mis hijos
la bicicleta que nunca tuvo mi padre
quiero beber agua en valvanuz

nos estamos conociendo
y caemos en la cuenta un poco tarde
de que hace ya bastante tiempo
que comenzó
el duelo

05:48

mientras duermes toco el piano
sobre tu costado
suena verde menta el lugar donde nací
en las montañas
cerca del mar

suena a lluvia
salitre
bruma y niebla
mientras duermo

tus manos me acarician el pelo

sentado en un bordillo
comiendo pipas
después de misa

mi madre grita desde la ventana
la cena está lista

encendidas las luces de la bolera
los viejos celebran un emboque
la bicicleta sin frenos de mi abuela lía
los cordones desatados

cada vez que llueve estamos juntos
sus razones tendrá la lluvia

mientras duermes mis labios imaginan
y sobre tu piel escribo
con absoluta certeza
que la vida
como dice gardel
                un soplo es

06:12

quiero que me mires
que sostengas tu mirada
quiero mirarte y aprender

¿te imaginabas esto antes?
¿puedo confiar en ti?

es un animal muy frágil
no le gusta que lo aten
hay que darle un sutil azote para que se hinche
y explotará en tu boca
explotará en tu cara

quiero que me mires
y aguantes la mirada
quiero mirarte y aprender

y llegó la mañana y llegó la calma
se detuvieron las pulsaciones sobre la ciudad dormida

la luz invadió la habitación
las caricias quedaron suspendidas
                                        agotadas
las manos y las bocas quietas
acompasada la respiración
los cuerpos desnudos

y nosotros dos abrazados y dormidos
ajenos al deterioro de la fiesta
listos para volver a empezar a consumirnos

06:28

fue una noche parecida a esta
una noche cálida y bulliciosa
una noche de placer que terminó con tormenta de
    madrugada
no habían cerrado las ventanas del balcón
para que nos alcanzara algo de la excitación de la gran
    vía
era sábado y la ciudad latía sobreactuada y ruidosa
con la urgencia de quienes no quieren perderse nada
    de lo que ofrece la ciudad
todas las noches se repite la misma escena
alguien que espera a alguien que está llegando
y ese tiempo muerto que ensancha el deseo de los
    amantes
                        se vuelve incómodo
                        algo sádico

fue una noche parecida a esta
una bulliciosa noche de verano
cuando después de mucho esfuerzo y algo de suerte
pudimos por fin encontrarnos

y dedicarnos a la tarea de hallar refugio en el cuerpo
del otro
denodadamente
a inventar un lenguaje para poder navegar sobre
otra piel
para saciarnos de sudor de carne
caricias
abrazos
arañazos
susurros y heridas
para finalmente
exhaustos
débiles
sentir que no fue un sueño
que fuimos humo

06:37

a veces sucede en el piano un fenómeno extraño
casi mágico
del que me declaro adicto:

algunas notas agudas de la melodía se quedan colgadas
    en el vacío
sin peso
sin miedo a caer
se agarran a sus armónicos mientras la música continúa
    su curso
ajena a esta sensación de eternidad

ahora dibujo con mi dedo alguna de esas notas
notas suspendidas en tu espalda
buscando una eternidad para los dos
            mientras duermes ajena
            entregada al sueño de otra noche de lluvia

recordaremos esta noche cualquiera
            esta inmensidad de seda y miel
            estas brasas que ardieron en nuestro lecho
un instante bajo la luna

nada de lo que proyectamos
nada de lo que se intuía sucedió

cuando apoyé mi cara y descubrí el lunar de tu vientre
me quemaron los años que hemos perdido
y el mar arrasó con todo

ola tras ola no quedó nada

07:16

no me quiero acostumbrar a este aire viciado

mírame a los ojos y no me digas nunca más la verdad

volvamos a respirar profundamente en este sueño
que se va llenando de extrañas criaturas
de lugares comunes en los que tiene que volver a brotar
agua fresca

las manos atadas a la espalda para escapar de ojos
inquisidores
la sonrisa burlona del niño que no entiende de eclipses
ni mareas
la lluvia que nos sorprendió mientras jugamos a ser
maestros y sirvientes

dulces sueños mi amor mi vida
por la mañana estará todo limpio
parecerá nuevo y estaremos a tiempo de defender
esta tierra nuestra

no me quiero acostumbrar al aire viciado
no quiero despedidas

mírame a los ojos
y no me digas nunca más la verdad

prefiero olvidar o recordar
pero no ahora

07:19

quiero pedirte un favor ahora que amanece

quiero que guardes mis besos
mis secretos y mis dudas
yo te peinaré el pelo

ahora que aprendimos a besarnos
ahora que nos estamos acostumbrando
no tengas prisa
quiero pedirte un favor
quiero que nos pidamos favores
que nos cuidemos
que nos sigamos amando

ahora que ya somos humo

Y la música entre los poemas

Todas las noches que fuimos humo fue escrito durante unos meses en los que estuve sin piano y con un disco recién terminado. Cada uno de los poemas que integran este libro acompaña a un disco titulado *Sobre la piel*, una historia de amor para dos cuerpos. Algunas de esas noches sonaron mis canciones (y otras muchas):

Dímelo al oído
Ten piedad de mí
Todas las noches que fuimos humo
Sobre tu piel
Remedia amoris
Umbra
Plegarias atendidas
Rendición

Pero también:

Amore, de Ryuichi Sakamoto
Au Coin Du Monde, de Keren Ann

Both Sides Now, de Joni Mitchell
Careless, de Stephen Bishop
Come To Me, de Mark Lanegan
Dance Me To The End Of Love, de Leonard Cohen
Dancing With Ghosts, de Hania Rani
Easy, de Faith No More
Failure, de Laura Marling
Free Fallin', de John Mayer
Glósóli, de Sigur Rós
Gnossiennes 1, de Erik Satie
House Of Cards, de Radiohead
I Carry You, de Marlango
I Get Along Without You Very Well (Except Sometimes), de Chet Baker
I've Got To See You Again, de Norah Jones
Knockin' On Heaven's Door, de Bob Dylan
Landslide, de Fleetwood Mac
Last Goodbye, de Jeff Buckley
Leaving Las Vegas, de Shery Crow and Friends: Live from Central Park
Liability, Lorda
Liberty Street, de The New Basement Tapes
Melody Noir, de Patrick Watson
Mexico, de The Staves
Norwegian Wood, de The Beatles
Olivia, de Rayland Baxter
On The Nature Of Daylight, de Max Richter

Pale Blue Eyes, de The Velvet Underground
Paper Bag, de Fiona Apple
Redempcion Day, de Johnny Cash
Song I made up to stop my self from having a panic attack (feat. Rich), de Field Medic
Spiegel Im Spiegel, Arvo Pärt
Symphony n°5 in C Sharp: IV Adagietto, de Gustav Mahler
Tango Till They're Sore, de Tom Waits
The Meetings of Water, de Fionn Pegan
The Park, de Feist
Through The Dark, de Alexi Murdorch
Träumerei Kinderszenen, de Robert Schumann
Unaccompanied Cello Suite n°1 in G Major Prelude, de Yo-yoma
Untitled, de D'Antelo
Untouchable Face, de Ani Di Franco
You're Gonna Make Me Lonesome When You Go, de Madeleine Peyroux

Agradecimientos

A los amigos con los que hago música y voy a la montaña y bebo vino, los que me protegen del ruido. A Viviana Paletta por su generosidad.

Índice